Bernd Helge Fritsch

Vom Umgang mit Zeit

99 spirituelle Anregungen

Impressum

© – 2015
Dr. Bernd Helge Fritsch

hompage: www.berndhelgefritsch.com
mail to: office@berndhelgefritsch.com

Gestaltung & Cover:
Bernd Helge Fritsch

Layout:
Evelyn Schmelzer

Herstelung und Verlag:
BoD - Books on Demand,
Norderstedt
ISBN: 9783735775535

Der Autor

Bernd Helge Fritsch war vormals erfolgreicher Rechtsanwalt in Graz. Vor rund zweieinhalb Jahrzehnten hat er sich auf Grund einer tiefgreifenden inneren Veränderung aus der Anwaltstätigkeit zurückgezogen und ist seither als Schriftsteller und spiritueller Lehrer tätig. Er verbrachte viele Jahre auf Reisen in Asien und Südeuropa, lebte in buddhistischen und hinduistischen Klöstern, studierte und praktizierte Zen.

Durch seine Bücher „Glücksbalance", „Der große Prinz und das Glück", „Das Kleinod des Shankara", „Wu Wei" u.a. ist Bernd H. Fritsch einem großen Leserkreis als inspirierender Buchautor bekannt geworden.

Wem Zeit ist wie Ewigkeit
und Ewigkeit wie Zeit,
der ist befreit von allem Leid

Jakob Böhme

Inhaltsverzeichnis

Vorwort

Was ist Zeit? Man kann sie nicht mit den Sinnen wahrnehmen. Sie ist das Produkt einer Schlussfolgerung, die wir aus den laufenden Veränderungen in unserer Umwelt ziehen. In Wirklichkeit gibt es keine Zeit. Es gibt nur das ewige Jetzt, diesen Augenblick. Es gibt nicht viele hintereinander folgende „Augenblicke". Unser Verstand schafft die Zeit weil er das „Ganze" nicht erfassen kann. Er benötigt die Zeit um sich in der Welt, wie er sie „sieht" und „denkt" zurecht zu finden. Sobald du das Denken beendest und in der gegenwärtigen Wahrnehmung verweilst, endet die Zeit und du tauchst ein in die beglückende Ewigkeit.

Zeit entsteht für uns, wenn wir uns an das erinnern, was einmal war und es mit anderen vergangenen oder für die Zukunft erwarteten Ereignissen vergleichen. Am deutlichsten erkennen wir Zeit an der Bewegung unserer Erde, an Tag und Nacht, an den verschiedenen Jahreszeiten. Und danach bemessen wir auch unsere Zeit.

Zeit ist einerseits ein kostbares Gut. Es gilt die kurze Zeit, die für unser Erdenleben zur Verfügung steht bestens zu nutzen. Auf der anderen Seite erklären uns die großen Weisheitslehrer, dass das Leben in der Zeit eine Illusion ist, die eine Menge Probleme mit sich bringt. So lesen wir bei Meister Eckehart: „Zeit ist das größte Hindernis auf dem Weg zu Gott". Menschen, die vorwiegend mit der Vergangenheit beschäftigt sind, mit dem was alles gut oder schlecht gelaufen ist, versäumen das „Jetzt". Dasselbe gilt für jene, die stark von ihren Wünschen, Erwartungen, Zielen oder Ängsten, also von der Zukunft eingenommen sind. Nur im zeitlosen „Jetzt" – im Nicht-Denken an Vergangenheit und Zukunft - können wir die Glückseligkeit des Ewigen, können wir uns selbst, unseren unvergänglichen Seelengrund, können wir Gott erfahren.

Viele Menschen leiden unter Zeitproblemen. Sie fühlen sich unter Druck und leiden unter Stress-Symptomen wie Ruhelosigkeit, Nervosität und Depression. Sie sehnen sich nach einem freien, glücklichen und erfüllten Dasein und fühlen sich stattdessen als abhängig und getrieben von ihren äußeren Lebens-Umständen.

Zeitprobleme sind Zeichen. Sie sind Signale die zeigen, dass etwas nicht stimmt. Sie sind ein Aufruf etwas zu ändern.

Wie bei einer Krankheit müssen wir uns bei Zeitproblemen entscheiden, ob wir nur Symptome bekämpfen wollen, oder bereit sind für eine grundlegende Veränderung in unserer Lebenseinstellung.

Jede wirksame Veränderung beginnt im Kopf und zwar tief drinnen, wo sich Kopf und Herz begegnen. Wir selbst müssen uns verändern, damit nachhaltige Veränderung eintritt.

Diese „Aphorismen" sollen dich anregen mit Freude, Beharrlichkeit und Hingabe dafür zu sorgen, dass du jeden Tag mehr Bewusstheit gewinnst für das, was dein Leben lebenswert, erfüllt und glücklich macht. Damit hilfst du nicht nur dir selbst, sondern du wirst auch zu einer Quelle der Lebensfreude für deine Mitmenschen.

Die beigefügten Leitsätze großer „Lebensmeister" mögen dich auf deinem Weg zu einem befreiten glücklichen Sein begleiten.

Vom Umgang mit der Zeit
99 spirituelle Anregungen

> *Achte gut auf diesen Tag, denn er ist das Leben – das Leben allen Lebens. In seinem kurzen Ablauf liegt alle seine Wirklichkeit und Wahrheit des Daseins, die Wonne des Wachsens, die Größe der Tat, die Herrlichkeit der Kraft. Denn das Gestern ist nichts als ein Traum und das Morgen nur eine Vision.*
>
> *Dschelal ed-Din Rumi*
> *(Persischer Mystiker 13. Jhd.)*

Zeitmangel

1. Zeitmangel und Stress zeugen von Unklarheit über deine Prioritäten. "Jetzt" lieben, „Jetzt" zufrieden (im Frieden) sein, "Jetzt" glücklich sein, sollte stets die höchste Priorität für dich haben. Denn nur die Gegenwart zählt. Nur in der Gegenwart ist das Leben. „WIE" du dich im „Jetzt" fühlst ist tausendmal wichtiger als „WAS" du tust. „Aufgaben erledigen"

und „Ziele erreichen" haben dabei zweit-
rangige Bedeutung.

2. Alle Menschen wollen glücklich sein. Doch
    sie suchen das Glück in der Zukunft, wo
    es niemals zu finden ist. Ihr Suchen und
    Eilen, ihr Streben nach dem Glück verur-
    sacht Zeitmangel und Stress. Sie kämpfen
    um das Glück mit großer Anstrengung
    und sind dabei begleitet von vielen Sorgen.
    Sie hoffen, wenn ihre Wünsche erfüllt
    sind, glücklich zu werden, statt „JETZT"
    wunschlos glücklich zu sein.

3. Lebe heute, lebe jetzt! – verschieb dein
    Glück nicht auf Morgen! Die Zukunft
    kommt nie! Es funktioniert nicht:
    „Glücklich zu sein, wenn dies und jenes
    erreicht ist." Wahres, anhaltendes Glück
    findest du nur in deinem Seelengrund.
    Den Zugang zu ihm findest du nicht im
    Suchen und Wollen, sondern nur in
    der Besinnung, in der Stille, im inneren
    Frieden und in der Dankbarkeit für das
    Wunder des Seins.

4. Geh über das duale Denken von „Gut und Böse", von „Begehren und Ablehnung" hinaus. Lerne die Welt und die Menschen so anzunehmen, wie sie sind. Entscheide wunschlos und grundlos glücklich zu sein. Der Mind verurteilt viele Ereignisse als unvollkommen und ist fast pausenlos damit beschäftigt, diese von ihm selbst verursachte Welt zu verbessern. Kämpfe weder im Außen noch in deinem Innen gegen die Welt, die letztlich nur ein Produkt deiner Bewertung ist.

5. Entscheide dich stets fürs Glücklich-Sein, egal was von außen kommen mag! Öffne dich jetzt für die Liebe und Glückseligkeit in dir. Öffne dich für die Weisheit und Vollkommenheit des Daseins. Befreie dich davon, dein Glück von äußeren Umständen abhängig zu machen!

Hast du dich wahrhaft selbst lieb, so hast du alle Menschen lieb wie dich selbst

Meister Eckehart
(christlicher Mystiker 13. Jhd.)

„Selbst"- Liebe

6. Liebe dich bedingungslos! Liebe dich wie du bist! Du bist in deinem innersten Kern immer vollkommen, auch wenn du als Persönlichkeit wachsen und dich entfalten darfst. Doch verwechsle „Selbst-Liebe" nicht mit „Ego-Streben". Es geht nicht darum deine Eitelkeiten zu pflegen, nicht darum deine Egowünsche zu erfüllen oder dein Selbstbedauern zu fördern, sondern darum zu erkennen wer du bist. Damit findet alles seine Erfüllung.

7. Entscheidend ist dein Umgang mit dir selbst! Du musst nicht von anderen gemocht, bewundert und geachtet werden! Solang du abhängig bist von Lob und Anerkennung anderer, wirst du weiter deine Rollen spielen und tief in dir unglück-

lich sein. Erkenne: „Im Seelengrund bin ich reines Bewusstsein, bin ich unbegrenzte Liebe, Weisheit und Glückseligkeit, bin ich Eins mit Gott, bin ich Gott." Lebe deine Gottheit! Lebe nicht deine Begrenzungen, sondern verwirkliche deine dahinter verborgene Grenzenlosigkeit, allumfassende Liebe und Weisheit, deine Vollkommenheit.

8. Achte immer darauf „WIE" du dich fühlst, am Morgen, im Alltag, wenn du eine Arbeit verrichtest und in deiner Freizeit. Um deine Göttlichkeit zu leben, ist es erforderlich dir stets deiner Gedanken und Gefühle bewusst zu sein. Verwirkliche das, was du im Seelengrunde bist. Erst in zweiter Linie kümmere dich um das „WAS" du tust. Dein Glücklich-Sein am Weg ist wichtiger als das Ziel! Denn leben kannst du nur im zeitlosen „Jetzt".

*Alles was wir sind ist das Resultat von
dem, was wir gedacht haben. Wir sind aus
unseren Gedanken gemacht. Wir werden
von unseren Gedanken geformt.*

Siddhartha Gautama Buddha
(6. – 5. Jhd. v. Chr.)

*Frieden schaffen heißt frei sein von
Gedanken und als das reine Bewusstsein
verweilen.*

Ramana Maharshi
(Indischer Weisheitslehrer 20. Jhd.)

Achte auf deine Gedanken

9.   Achte stets auf deine Gedanken! Deine
Gedanken bestimmen deine Gefühle.
Werde Herr deiner Gedanken und damit
Herr deiner Gefühle! Bekämpfe oder unter-
drücke sie nicht! Beobachte sie liebevoll
und gelassen! Vergiss dabei alles Wollen!
So verlieren deine Gedanken ihren zwang-
haften Charakter. Sie werden ruhiger und
friedlich. Schließlich werden sie dir als
gutes Werkzeug dienen.

10. Befreie dich aus dem Gefängnis deiner Gedanken-Muster, die du dir im Laufe vieler Jahrtausende angeeignet hast. Lass deine Gedanken nicht wie Affen planlos herumspringen! Nur wenn der Strom unbewusster Gedanken unterbrochen wird, kannst du zu dir selbst gelangen.

11. Wenn du deine Gedanken beobachten lernst, erwachst du aus deiner Unbewusstheit. Dann entsteht Raum um dich selbst zu erkennen und von diesem Zentrum ausgehend zu handeln. Durch die Beobachtung deiner Gedanken gewinnst du Abstand von Ihnen. Nach und nach identifizierst du dich nicht mehr mit ihnen. Du lernst immer besser Wirklichkeit und Schein voneinander zu unterscheiden.

Gott ist ein Gott der Gegenwart. Der gegenwärtige Augenblick ist das Fenster, durch das Gott in das Haus meines Lebens schaut.

Meister Eckehart

Jeder Tag ist ein neues Leben, jedes Aufwachen und Aufstehen eine kleine Geburt, jeder frische Morgen ist eine kleine Jugend und jedes Zubettgehen und Einschlafen ein kleiner Tod...

Arthur Schopenhauer (deutscher Philosoph 18. – 19 Jhd.)

Achte auf deine Gefühle

12. Unser Leben auf dieser Erde ist kurz und schön! Es ist schade um jeden Augenblick, vertan mit negativen Gefühlen.

13. Wie du in den Tag hineingehst, so verläuft er. Schenke dir morgens eine Zeit der Besinnung auf deinen göttlichen Wesenskern. Beginne den Tag nicht mit Zeitunglesen, Fernsehen, Nachrichten,

mit deinen Sorgen und Problemen. Löse dich von all diesen oberflächlichen Unwahrheiten, die nur Angst verbreiten. Verbinde dich stattdessen mit der Weisheit, Schönheit und Vollkommenheit des Seins.

14. Beende den Tag nicht mit belastenden Gedanken. Verweile nicht bei dem was war und was sein wird. Vermeide Betäubung durch Fernsehen oder sinnloses Geschwätz. Lies ein gutes Buch. Kehre ein bei dir.

15. Anhaltende Glücks-Gefühle kommen niemals von außen. Du hast alles in Dir! Was von außen kommt ist immer vergänglich. Tief im Grunde deines Wesens finden sich ewige Freude, Harmonie und Frieden.

16. Lerne deine Gefühle zu beobachten! Negative Gefühle sind Wegweiser – sie rufen nach Veränderung! Dulde keine anhaltenden schlechten Gefühle! Vergiss

Gefühle von Angst, Schuld, Selbstmitleid! Sie sind alle selbstgemacht. Entscheide dich radikal für Veränderung! Entscheide dich hier und jetzt glücklich zu sein.

17. Entscheide selbst über deine Gefühle. Beende alle Abhängigkeiten, Sorgen, Wünsche und Erwartungen! Was du auch immer tust, es wird mit Liebe und Freude geschehen, wenn du lernst aus deinem Innern heraus zu wirken. So wirst du erkennen, was wichtig ist und du wirst Tätigkeiten, die unwesentlich sind unterlassen.

18. Nicht Zeit ist das höchste Gut, sondern glückliche, erfüllende Gefühle im Jetzt, im zeitlosen Fluss des Seins!

Wenn du frei bist von Begehren und Abneigung, enden alle Sorgen und tiefer innerer Frieden stellt sich ein.

Bhagavad-Gita 2, 64

Die Ursache deines Leids liegt nicht im Leben draußen, sondern in dir als dein Ego. Du selbst legst dir Begrenzungen auf und machst dann vergebliche Anstrengungen, sie zu überwinden.

Ramana Maharshi

Probleme, Sorgen und Ängste

19. Probleme entstehen durch überflüssiges Denken wie zum Beispiel: „Was wird sein wenn...“; „Wie schrecklich ist das!“; „Wie arm bin ich!“ Verweile im „Hier und Jetzt“ und es gibt kein Problem. Bleib ganz präsent. Bleib in der reinen Beobachtung des Seins, des Jetzt. Entscheide glücklich zu sein, was immer im Außen geschieht!

20. Wenn du im „Hier und Jetzt“ verweilst, verschwinden belastende Gedanken aus

der Vergangenheit und Sorgen um die Zukunft.

21. Beobachte deine Sorgen und Ängste statt dich in ihnen zu verlieren. Sorgen und Ängste beschäftigen sich unnötig mit der Zukunft. Überflüssige Gedanken über die Zukunft vergeuden Energie.

22. Wenn du sie nicht vergessen kannst, so schreib deine Sorgen auf und füge Schritte zu ihrer Lösung hinzu. Dann lass von allem los!

23. Die meisten Probleme lösen sich von selbst. Deine Aufgabe besteht vor allem darin, gelassen zu bleiben und das, was geschieht neutral und liebevoll zu beobachten. Lass los von allen Erwartungen und Verlangen. Wenn etwas zu tun ist, so wird das Schicksal dir dafür zur rechten Zeit die rechte Eingebung senden. Vertraue auf das göttliche Sein! Grübeln und Sich-Sorgen sind dabei nur Hindernisse.

24. Es gibt kein Problem ohne Lösung, doch es gibt tausende Möglichkeiten ohne Probleme. Die Lösung kommt aus der Stille und nicht aus sorgevollen Gedanken. Vertraue auf das Schicksal. Es ist immer von göttlicher Weisheit durchdrungen. Das Schicksal macht keine Fehler!

25. Du hast mehr Chancen und Möglichkeiten als du denkst! Suche nach mutigen und kreativen Lösungen! Auf der dualen Ebene schafft Mangeldenken Mangel. Sich fürchten und sorgen zieht das Übel magisch an. Vertrauen sorgt für gutes Karma.

26. Dein Denken und Beurteilen schafft alle Schwierigkeiten! Lass los davon. Bleib im Hier und Jetzt. Beobachte deinen Atem. Beobachte deine Gedanken bis sie sich auflösen. Drohen dich Gedanken zu überwältigen, so lies in einem gutem spirituellem Buch. Es wird dir Kraft schenken.

Es gibt kein größeres Hindernis auf dem Weg zu Gott als die Zeit.

Meister Eckehart

Da der Mensch in diesem Leben nicht bestehen kann ohne Arbeit, diese vielmehr des Menschen Teil ist, darum so lerne der Mensch, seinen Gott zu haben mitten in den Dingen und dabei unbehindert zu bleiben von Geschäft und Ort.

Meister Eckehart

Stress

27. Stress bedeutet hier sein und zugleich schon wo anders sein wollen. Bleib gegenwärtig. Entscheide „jetzt" gelassen und glücklich zu sein. Lebe jetzt!

28. Verwandle Dis-Stress in Eu-Stress – genieße Herausforderungen!

29. Zeitdruck – Die Zeit kann nicht drücken! Nur du selbst machst dir Druck!

Stress entsteht im Kopf. Aus einer höheren Warte betrachtet, ist alles gut wie es ist. Nur du bildest dir ein jetzt dringend etwas ändern zu müssen.

30. Deine Bewertung bestimmt ob dich etwas unter Druck setzt! Bleib gedanklich bei dem, was „jetzt" zu tun ist und mach dir keine Sorgen um die Zukunft!

31. Wenn du es eilig hast, so geh langsam! Du fühlst dich so wohler, machst weniger Fehler, triffst richtige Entscheidungen und gewinnst somit Zeit.

32. Lass dich von Nichts und Niemanden unter Druck setzen. Verzeih dem anderen wenn er es versucht! Gib dein Bestes – nicht mehr und nicht weniger! Überlass alles andere der allumfassenden und alldurchdringenden Gottheit. Sie wird alles zum Besten regeln.

33. In Wirklichkeit gibt es keine Zeit. Es gibt nur das ewige Jetzt, diesen Augenblick. Es gibt nicht viele hintereinander folgende „Augenblicke". Unser Verstand schafft die Zeit weil er das „Ganze" nicht erfassen kann. Er benötigt die Zeit um sich in der Welt, wie er sie „sieht" und „denkt", zurecht zu finden. Sobald du das Denken beendest und in der gegenwärtigen Wahrnehmung verweilst, endet die Zeit und du tauchst ein in die beglückende Ewigkeit.

34. Wenn Stress aufkommt: Durchatmen und eins nach dem anderen!

35. Hol dir Hilfe, wenn du Hilfe brauchst!

Wer andere erkennt, ist gelehrt.
Wer sich selbst erkennt, ist weise.
Wer andere besiegt, hat Muskelkraft.
Wer sich selbst besiegt, ist stark.
Wer zufrieden ist, ist reich.
Wer seine Mitte nicht verliert, ist
unüberwindlich.

Lao-Tse (Chinesischer
Philosoph ca. 6. Jhd. v. Chr.)

Nichts auf der Welt ist so gerecht verteilt
wie der Verstand. Denn jeder ist überzeugt,
dass er genug davon hat

René Descartes
(Französischer Philosoph 17. Jhd.)

Konflikte

36. „Liebet eure Feinde!" Je mehr du liebst, desto mehr Liebe entsteht rings um dich, desto weniger wirst du mit Konflikten konfrontiert. Jeder Konflikt ist immer zuerst in dir.

37. Alle Dramen spielen sich nur in deinem Kopf ab. Wie oft machen wir aus einer

Mücke einen Elefanten! Lerne die Welt und die Menschen zu lieben und anzunehmen, wie sie sind! Wie die Dinge und Menschen sind, so sind sie! Wir registrieren meist nur ihre Oberfläche. Im Grunde sind sie viel vollkommener als wir denken. Das Unvollkommene fügt unser beurteilender Verstand hinzu. Alle Ereignisse, Dinge und Wesen sind Geschöpfe Gottes und Gott ist in ihnen. Gott ist dir näher als du dir selbst. Doch der Mensch erkennt nicht seine Göttlichkeit.

38. Hör auf zu jammern - lebe dein Leben! Vergiss Neid, Missgunst, Rechthaberei, Verletztheit, Selbstmitleid! Vergiss Schuldzuweisungen an andere, wenn es dir nicht gut geht!

39. Reagiere auf Angriff nicht mit Gegenangriff! Hilf gemeinsam eine Lösung zu finden! "Hast du mit mir ein Problem? Lass uns eine Lösung suchen!"

40. Lerne liebevoll „Nein" zu sagen – wenn etwas für dich nicht richtig ist. Verleugne nicht deine Prioritäten! Steh zu dir!

41. Lass dir nichts gefallen - doch bleib dabei liebevoll und gelassen! Bleib Beobachter des Geschehen und lass dich nicht in die Probleme anderer hineinziehen!

42. Sag es, wenn du ein Problem hast! Aber hüte dich vor Schuldzuweisung! Sag nicht: „Du bist...!" Sondern: „Mir geht es nicht gut, weil...! Doch überlege dir zuvor gut, ob du nicht selbst die Ursache deines Problems bist. Unser Bewerten, unsere Denkmuster, unser Ego schaffen die Probleme. Grundsätzlich gilt: „Was mich stört, ist MEIN Problem!

43. Lerne Dinge anzunehmen, die du nicht ändern kannst und mache das Beste daraus!

44. Gönne dir den Mut zu ändern, was du ändern kannst! Triff Entscheidungen die anstehen und ziehe sie durch! Viele Menschen treffen Entscheidungen und dann beginnt das Zweifeln. Aus höherer Sicht können wir gar nicht falsch entscheiden. Entscheidungen werden erst dann zu einem Problem, wenn wir nicht zu ihnen stehen. Vergiss nicht: Hinter allem wirkt die Weisheit Gottes. „Der Mensch denkt, Gott lenkt!"

45. Leid und Krankheit sind Aufrufe zum Wandel! Doch versuche nicht das Außen zu ändern ohne dich selbst zu verändern. Denn die Welt ist dein Spiegel. In diesem Spiegel siehst du deine Ängste als Gefahren, deine Liebe als Schönheit der Schöpfung, deinen Pessimismus als die Schlechtigkeit der Welt, dein Vertrauen als die göttliche Vollkommenheit des Seins.

46. Liebe und respektiere die Menschen, wie sie sind. Doch geh schwierigen Leuten (Energiesaugern) so gut es geht aus dem Weg!

47. Vermeide sinnlose Auseinandersetzungen! Vermeide „Recht haben wollen und Besserwisserei!" Halt deinen Mund, wenn nichts Sinnvolles zu sagen ist. Vermeide gute „Rat-Schläge"! Bleib immer in der Liebe.

Der rechte Himmel ist allenthalben - auch an dem Orte, wo du stehest und gehest.

Jakob Böhme
(deutscher Mystiker 16. – 17. Jhd.)

Ungeduld will rasch das Ziel heranziehen doch sie entfernt sich dadurch von ihm.

Johann Wolfgang Goethe
(18. – 19. Jhd.)

Ungeduld – innerer Frieden

48. Keine Ungeduld! Was für dich bestimmt ist, kommt zu dir, was nicht, das nicht. Was sein soll, wird sein, was nicht sein soll, wird nicht sein. Du versäumst niemals etwas, was du nicht ohnedies besser versäumen solltest. Das Schicksal macht keine Fehler!

49. Nütze Wartezeiten! Entspann dich! Achte auf deinen Atem, verweile im Zauber des Augenblicks! Es gibt keine gewöhnlichen Augenblicke, wenn du wach genug

bist. Erkenne und genieße die Kraft, die Schönheit, die Tiefe des Augenblicks.

50. Langeweile entsteht, wenn du den gegenwärtigen Moment nicht annehmen und lieben kannst wie er ist, sondern schon woanders – bei erhofften besseren Momenten – sein willst.

51. Meist ist es besser gelassen und ruhig zu spät zu kommen, als abgehetzt ein Ziel zu erreichen.

52. Erledige, was du jetzt gut bewältigen kannst. Bewahre dabei deinen inneren Frieden! Alles andere, was du jetzt nicht mit innerer Harmonie erledigen kannst, überlasse der höheren Weisheit und Lenkung! Befreie dich so von Druck, Stress und Gewalt!

Es ist kein Zeichen von Gesundheit, an eine von Grund auf kranke Gesellschaft gut angepasst zu sein.
Jiddu Krishnamurti (indischer Weisheitslehrer 20. Jhd.)

Gesellschaftsdenken

53. Mach dich frei von „du musst!" Mit Mut und Vertrauen gibt es immer mehrere Möglichkeiten! Achte auf das, was „du" in deinem Seelengrunde willst! Du „musst nicht müssen"! Du darfst! Du willst! Du wirst! – oder lass es bleiben! Die Welt geht nicht unter, wenn du ruhig und gelassen bleibst – wenn du aufhörst zu müssen!

54. Steh zu deinem Wesen, zu deinen Bedürfnissen! Du musst für niemand „lieb Kind sein"! Mach dich nicht abhängig von Lob und Anerkennung durch andere. Lerne erkennen wer du bist, dann lösen sich all diese Probleme.

Wer nicht gefehlt, hat nicht gelebt.

(Sprichwort)

*Gott ist mir näher als ich mir selber bin.
Mein Dasein hängt daran, dass Gott mir
nahe und gegenwärtig ist.*

Meister Eckehart

Fehler machen dürfen

55. Fehler machen ist menschlich – verurteile
dich niemals! Fehler sind Lern-Chancen!
Anerkenne, wie viele Aufgaben du immer
wieder gut erledigst! Zieh abends eine
positive Bilanz über das, was du geleistet
hast und was du lernen durftest!

56. Identifiziere dich weder mit den Fehlern,
die du gemacht hast, noch mit dem was
gut gelaufen ist. Sei dir immer bewusst:
„Der Mensch denkt, Gott (das Schicksal)
lenkt. Lass ab von Selbst-Verurteilung
und Stolz!

57. Vermeide Perfektionismus! Aus einer höheren Warte gesehen kannst du keinen Fehler machen. Absichtlich macht niemand Fehler. Alles ist letztlich gut wie es ist. Alles weltliche Geschehen ist durch unser Karma bestimmt. Alles ruht in Gottes Hand.

Wer die Welt in Ordnung bringen will,
gehe zuerst durchs eigene Haus.

Altchinesische Weisheit

Ordnung schafft freie Energie

58. Unangenehme Aufgaben auf die lange Bank schieben, erzeugt inneren Druck! Erledige was zu tun ist so bald wie möglich. Achte dabei auf gute Gefühle! Übe dabei grundlos glücklich zu sein.

59. Räum gelegentlich auf in deiner Wohnung, in deinem Haus, in deinem Keller oder Dachboden! Schaffe Ordnung bei deinen Unterlagen und Ablagen! Du sparst Zeit beim Suchen! Trenn dich von allem Überflüssigen, was du schon lange nicht mehr brauchst. Schenk es Menschen, die es gebrauchen können oder gib es zur Müllentsorgung. Wie außen, so innen. Löst du dich von äußerem Ballast, so befreien

sich auch dein Körper und deine Seele von ihrem Müll.

60. Lass dich durch Haus- und Gartenarbeit nicht tyrannisieren – mach es dir einfach. Ein „gepflegter Rasen" ist tausendmal weniger wichtig als dein seelisches Wohlbefinden

Erfülle deine Pflichten frei von Anhänglichkeit. Bleib unberührt von Erfolg und Misserfolg. Solche Gelassenheit wird Yoga genannt.

Bhagavad-Gita 2,48

Lebe deine Einmaligkeit – Selbstkritik

61. Vergleiche dich nicht mit anderen! Werde dir bewusst: Du bist eine einmalige Individualität. Auch wenn es deinen Denkgewohnheiten nicht entspricht, freunde dich an mit der Wahrheit: „Du bist im Seelengrunde göttliche Vollkommenheit!" Vergiss alle Selbstverurteilung, allen Selbstzweifel. Alles was du tust und bisher getan hast, ob gelungen oder misslungen, war – aus höherer Warte gesehen – gut und notwendig. Es diente deiner Selbstverwirklichung.

62. Mach dir niemals Selbstvorwürfe! Selbstvorwürfe machen dich klein! Sie entspringen deinem Ego, welches besser sein

will als es ist. Es gibt keinen Grund für Selbstvorwürfe. Du bist nicht dein Körper. Du wurdest in diesem Körper, in dein Elternhaus, in die Kultur deines Landes, in eine bestimmte Art zu denken, fühlen und handeln hineingeboren. Wie du erscheinst, denkst und handelst ist durch dein Karma vorherbestimmt. Deine Aufgabe ist es sich von allen Identifikationen zu befreien. Deine Aufgabe ist zu erkennen, wer du wirklich bist und das zu leben.

***W**ähle einen Beruf den Du liebst - und Du brauchst keinen Tag in Deinem Leben mehr zu arbeiten.*

Konfuzius (Chinesischer Philosoph 6. – 5. Jhd. v. Chr.)

Berufung, Wünsche, Träume

63. Unterscheide deine inneren und äußeren Ziele. Das Ziel aller Ziele ist die Heimkehr zu dir selbst. Es ist die Erfahrung deiner göttlichen Wesenheit. Du bist ein Zentrum von Bewusstheit, ein Zentrum schöpferischer Kraft. Du bist unbegrenzte Liebe, Weisheit und Glückseligkeit. Begrenzungen gibt es nur in deinem Kopf. Solange du dich begrenzt, bleibst du begrenzt. Erkennst du die Göttlichkeit in deinem Seelengrund, so wirst du sie leben.

64. Erkenne zuerst das wichtigste Ziel in deinem Leben. Es ist die Bewusstwerdung und damit die Verwirklichung deines gött-

lichen Wesen-Kerns. Sodann wirst du Zeit und Muße haben um deine Talente zu offenbaren, deine Individualität zu leben. Du wirst frei sein, das Spiel des Lebens zu genießen.

65. Kläre deine Berufung, deine Ziele! Wage mutig deine Träume zu leben, doch behalte stets deine großen Prioritäten im Auge!

66. Wünsche nicht ohne zu handeln! Bring zum Ausdruck, was du wirklich bist! Lass dich dabei achtsam von deinen Gefühlen leiten!

*Immer ist die wichtigste Stunde die gegen-
wärtige; immer ist der wichtigste Mensch,
der dir gerade gegenüber steht; immer ist
die wichtigste Tat die Liebe.*
                                        Meister Eckehart

*Es gibt wenig aufrichtige Freunde und
die Nachfrage ist auch gering.*
                          *Maria Ebner von Eschenbach
                        (Öster. Schriftstellerin 19. – 20. Jhd.)*

Freundschaften

67. Pflege deine Freundschaften! Gute
    Freundschaften sind der Nektar des
    Lebens! Es gibt keinen Grund sie zu
    vernachlässigen.

68. Verwechsle nicht Freundschaften mit
    „Seilschaften". Gute Freunde stehen ein-
    ander bei in „guten und schlechten Tagen".
    Nicht die Quantität, sondern die Qualität
    deiner Freundschaften hat Bedeutung.

69. Eine gute Freundschaft gedeiht ebenso wie eine gute Partnerschaft (Liebesbeziehung) nur dann, wenn ihr einander nicht gebraucht. Sie gedeiht, wenn du keinerlei Erwartungen an den anderen hast. Wenn du den anderen lieben kannst, so wie er ist, wenn für dich geben wichtiger ist als nehmen.

Es kommt darauf an, den Körper mit der Seele und die Seele durch den Körper zu heilen.

Oscar Wilde
(Irischer Schriftsteller 19. Jhd.)

Glücklich und Gesund-Sein

70. Glücklich und so gesund wie möglich zu sein ist deine Verpflichtung gegenüber der Schöpfung und deinen Mitmenschen!

71. Gesundheit und innere Harmonie haben Vorrang vor äußerem Erfolg!

72. Gönne dir Zeit für dich - zumindest täglich eine Stunde für deinen Körper und deine Seele! Gönne dir Zeit für deine Gesundheit. Gönne dir Zeit für deine seelisch-geistige Entwicklung. Lies wertvolle spirituelle Bücher. Tritt und bleibe in Verbindung mit guten Lehrern und mit anderen Menschen, die sich um spirituelle Entfaltung bemühen.

Yoga (Der Weg zu sich selbst) ist nicht gedacht für jemanden der zu viel oder zu wenig isst. Ebenso nicht für Jemanden, der zu viel oder zu wenig schläft. Doch diejenigen die bei Ernährung, Schlafen, Arbeit und Erholung genügsam sind, werden im Yoga von allen Problemen und Leiden befreit.

Bhagavad-Gita 6, 16-17

Die ständige Sorge um die Gesundheit ist auch eine Krankheit.

Platon (Griechischer Philosoph 5. Jhd. v. Chr.)

Körperbewusstsein

73. Bewege dich ausreichend! Stärke durch regelmäßige Bewegung deinen Kreislauf, deine Muskeln, deine Knochen, deine Gelenke, dein Gehirn, deine Seele!

74. Ausdauernde Bewegung macht gesund, glücklich, bringt Sauerstoff ins Gehirn, macht stressresistent, baut Verspannungen ab, macht schön, vermeidet Übergewicht!

75. Achte auf deine Ernährung! Vermeide denaturierte Nahrungsmittel, Farbstoffe, Geschmacks-Verstärker, künstliche Aromen und sonstige Gifte.

76. Nimm laufend genügend Flüssigkeit zu dir (möglichst gutes, reines Wasser).

77. Ersetze Nikotin und Alkohol durch Freude an Gesundheit, Vitalität, Lebenskraft, Spiritualität!

78. Spür in dich hinein: Was und wie viel will ich essen? Was braucht mein Körper? Die Ursachen der meisten Erkrankungen sind ungesundes Essen und zu viel Essen.

79. Respektiere dein Ruhe- und Erholungsbedürfnis! Besinnungspausen fördern deine Energie und deinen Erfolg!

Euer Körper ist die Harfe eurer Seele, und es ist an euch, süße Musik aus ihm zu entlocken oder wirre Töne.
Kahlil Gibran (19. – 20. Jhd.)

Körpersprache

80. Achte auf die Sprache deines Körpers! Lässt du Kopf und Schultern hängen oder gehst du aufrecht und strahlend durchs Leben?

81. Bewusste Atmung beruhigt, entspannt, schafft Harmonie zwischen Körper und Seele! Bewusste Atmung sorgt für Präsenz.

82. Achte auf körperliche Entspannung! Lockere deine Muskeln!

83. Lächle, auch wenn dir nicht danach zumute ist! Lächeln geht vom Kopf zum Herzen und wieder vom Herzen zum Kopf!

84. Bringe Selbstbewusstsein, Überzeugungs-
kraft und Mut durch deine Körpersprache
zum Ausdruck!

85. Vertraue deinen Fähigkeiten! Vertraue
dem Schicksal! Vertraue dem Leben!

Die Leute sollten nicht so viel darüber nachdenken, was sie tun sollten, sie sollen lieber nachdenken, was sie sein sollten.

Meister Eckehart

Was einer an sich selber hat, ist zu seinem Lebensglück das Wesentlichste.

Arthur Schopenhauer

Deine Identität verändern

86. Verändere deine Vergangenheit durch Dankbarkeit für das was war! Bade nicht in Verurteilung, Schuldzuweisung, Selbstbedauern!

Verändere deine Gegenwart durch Achtsamkeit und Freude. Entscheide glücklich zu sein!

Verändere deine Zukunft durch Vertrauen statt Angst! Das Universum ist unermesslich intelligenter als dein Verstand. Merke: „Bei Gott ist jedes Haar gezählt!" Überlass ihm die Lenkung der Welt. Kümmere du dich um das, was vorgeht in deinem Bewusstsein!

87. Versuch den Gedanken: „Alles entspringt göttlicher Liebe. Das Leben liebt mich und alle Wesen! Es sorgt dafür, dass alles ein gutes Ende findet! Das Schicksal will nur mein Bestes!"

88. Fördere dein tägliches Wachstum. Lies jeden Tag in einem guten Buch. In einem Buch, dass dir den Weg zum spirituellen Erwachen zeigt. Selbstvertrauen und Glück entsteht durch fortwährendes Wachstum. Veränderung ist Leben! Stillstand ist Tod!

89. Vermeide negative Gedankenmuster wie: „Keiner liebt mich! Ich muss alles selbst machen! Das ist schrecklich! Ich bin ein Versager! Das schaffe ich nie! Das geht sicher schief! Ich halte das nicht mehr aus! Ich bin zu dick! Ich bin zu alt! Ich bin zu schwach!"

90. Gute Gedanken: „Alles halb so wild! Das wird sicher gut gehen! Ein herrlicher Tag heute! Ich fühle mich hervorragend! Gut

gemacht! Das Schicksal will immer mein Bestes! Ich bin glücklich, da mag kommen was will! Ich vertraue auf den Geist, der alles lenkt! Dieser Geist wirkt in mir und um mich! Ich bin eins mit diesem Geist!"

Wäre das Wort >Danke< das einzige Gebet, das du je sprichst, so würde es genügen.

Meister Eckehart

Dankbarkeit

91. Dankbarkeit! Dankbare Menschen sind glücklicher, gesünder, optimistischer, selbstbewusster. Sie haben bessere Beziehungen. Sie leiden nicht unter Neid. Sie machen sich weniger Stress!

92. Besinne dich vor der Nachtruhe darauf, wofür du heute dankbar sein darfst! So wird dir dein Schlaf viel Energie, Gesundheit, Seelenkraft und Offenheit für Liebe schenken.

Es gibt ein Vergessen alles Daseins, ein Verstummen unseres Wesens, wo uns ist, als hätten wir alles gefunden.

Friedrich Hölderlin
(Lyriker 18. – 19. Jhd.)

Lebensweisheit

93. Je mehr du freudig gibst, desto mehr bekommst du! Achte auf ein gutes Gefühl beim Geben und Nehmen!

94. Humor hat, wer trotzdem lacht! Nimm dein Ego nicht so ernst. Denk daran wie klein deine heutigen Sorgen in zehn Jahren oder gar am Ende deiner Tage sein werden!

95. Jung ist, wer staunen und sich begeistern kann! Gestorben ist, wer seine Träume und Begeisterung begraben hat!

96. Jeder Tag ein neues Leben! Jeder Tag ein Fest! Du hast immer die Chance für Veränderung!

97. Ohne Wagnis, kein Gewinn! Besser es misslingt etwas, als im ewigen Trott verharren! Mach dir um die Zukunft keine Sorgen! In der höheren Wirklichkeit gibt es kein Misslingen. Alles Wesentliche wird weise von Gottes Hand gelenkt.

98. Unterforderung erzeugt ebenso Frust und Stress wie Überforderung.

99. Achte auf dein Herzgefühl und vertrau deiner Intuition! Entscheide weder zu schnell, noch schiebe Entscheidungen ängstlich hinaus. Herz und Verstand sollten sich dabei immer in guter Balance befinden. Geh in die Stille und du wirst immer die richtigen Antworten auf deine Fragen bekommen.

Buchempfehlung

Wu-Wei erfolgreich nichts tun

Bernd Helge Fritsch

Dieses Buch beinhaltet eine Auswahl von Essay-Briefen, wie sie Bernd Helge Fritsch seit etlichen Jahren in Mail-Form an Freunde und Interessierte versendet. Diese Briefe behandeln die wichtigsten Lebensfragen. Zu diesen zählen:

- Was ist der Sinn unseres Erdendaseins?
- Wer bin ich?
- Wie lebt man erfüllende Beziehungen?
- Vom Umgang mit Depressionen
- Wie kann ich glücklich sein, unabhängig von äußeren Ereignissen?
- Was geschieht mit mir nach meinem körperlichen Tod?

Diese Essay-Briefe sollen keine „Glaubensinhalte" vermitteln. Der Autor möchte kein „gläubiger Mensch" sein und gehört deshalb auch keiner Religionsgemeinschaft an. Wohl aber ist nach seiner Ansicht „Religion" (die bewusste Verbindung mit dem Höchsten) unsere wichtigste Mission auf dieser Erde.

Buchempfehlung

„Der große Prinz und das Glück"

Bernd Helge Fritsch

Rund 80 Jahre nachdem Antoine de Saint-Exupéry, Schriftsteller und Flugpilot, dem „Kleinen Prinz" in einer afrikanischen Wüste begegnen durfte, erscheint wieder ein „Prinz" von einem andern Stern auf unserer Erde. Es ist der „Große Prinz", der hier auf unserem Planeten das Leben und das Glück der Menschen studiert.

In diesem Buch wurden seine Erfahrungen und Erkenntnisse über das „Glücklich-Sein" niedergeschrieben.

Ein Buch, das uns das „WunderLeben" mit neuen Augen betrachten lässt.

Ein Buch, das uns dem Geheimnis eines *„tiefen und anhaltenden Glücklich-Seins"* näher bringt.

Buchempfehlung

„Das Kleinod des Shankara"

Bernd Helge Fritsch

Adi Shankara (788 – 820) gilt als bedeutendster indischer spiritueller Philosoph und Reformator des Hinduismus. Sein berühmtes Hauptwerk ist das „Viveka Chudamani" (Kleinod der Unterscheidung). Es gilt als „Kron–Juwel" altindischer Weisheit.

In der vorliegenden Ausgabe findet der Leser eine moderne Übersetzung des „Kleinods" und eine umsichtige Auswahl der ursprünglich 580 Sanskrit-Verse. Auf etliche Wiederholungen und Aussagen die nicht unserem Zeitgeist entsprechen wurde verzichtet.

Bernd Helge Fritsch, selbst ein spiritueller Lehrer, hat zum besseren Verständnis der rund 1100 Jahre alten Schrift des Shankara zu vielen Versen Erläuterungen angefügt.

Buchempfehlung

„Wunderbare
Zweisamkeit"

99 Anregungen zu
erfüllter Partnerschaft

Bernd Helge Fritsch

Ist eine glückliche Paar-Beziehung möglich oder
nur eine romantische Illusion? - Oder stimmen die
Worte von Oskar Wilde:

„Ehe ist gegenseitige Freiheitsberaubung in beider-
seitigem Einvernehmen"?

Die Qualität einer Beziehung entspricht immer
dem Grad an seelischer Reife und Bewusstheit
der Partner. Das ist der Ansatz dieser Schrift. B.
H. Fritsch zeigt auf, wie wir uns selbst verändern
können, um eine beglückende Partnerschaft zu
verwirklichen.

Schreiben Sie uns!

Schreiben Sie uns!

Schreiben Sie uns, wenn Sie......

- ....Fragen an den Autor Bernd Helge Fritsch richten wollen!
- ....bereit sind, uns Anregungen und Feedback zu geben!
- ....Informationen über Vorträge und Seminare mit Bernd Helge Fritsch haben wollen!
- ....kostenlos unseren monatlichen „Essay-Brief per E-mail bekommen wollen!
- ....B. H. Fritsch zu einer Lesung, einen Vortrag oder ein Seminar einladen wollen!

Wir freuen uns über jede Zuschrift und werden Ihnen gerne antworten.

mail: office@berndhelgefritsch.com

Besuchen Sie unsere Homepage:
www.berndhelgefritsch.com